APHORISMES

FRANZ KAFKA

Aphorismes

édition bilingue

traduction française par Guy Fillion

présentation par Alain Coelho

Joseph K.

Franz Kafka, revêtant la littérature des atours parfois de la communion, parfois de la trahison (ce qui est l'envers d'un même respect), publia fort peu. Depuis Description d'un combat, *texte "symboliste" de 1906, jusqu'à sa mort en 1924, Kafka livre sept courts volumes, à l'échelle chaque fois d'une nouvelle ; mais aucun des trois grands romans qui l'immortaliseront, ni l'essentiel des nouvelles aujourd'hui connues, encore moins les milliers de pages de ses notes, recherches et journaux, dont la substance nous apparaît comme le mystère et l'œuvre inséparés, et qui a nom Franz Kafka.*

Or — le fait est d'importance — Kafka commence à ordonner et préparer en vue d'une publication un volume de "pensées", en 1917, à l'heure du diagnostic établi de cette tuberculose dont il mourra, au sanatorium de Kriesling, sept ans plus tard. En 1920 à nouveau, son journal et ses notes prennent l'inflexion nette de la visée aphoristique ; Brod et Schoeps y repèreront une deuxième grande série de "pensées", sous l'angle d'énonciation cette fois du "il", dont ils feront le titre de l'édition allemande.

A l'examen des textes, la visée demeure suspendue, aussi indécise qu'essentielle. Sommes-nous ici dans un condensé moral tenté ? face à des pensées éparses ? un édifice entrevu et non mené à terme ? La singularité de ces aphorismes chez Kafka se redouble de ce qu'ils mettent à nu une occurrence quasi-unique de la littérature : il n'y a pas d'emploi, dans la perspective de fiction qui fut la sienne, ni de réemploi de ce gisement aphoristique. En effet, si la littérature, depuis Jean-Jacques Rousseau, Chateaubriand ou les romantiques allemands, nous a habitués à des crêtes morales, cycliques, qui structurent de "pensées" le tissu du texte fictionnel, chez Kafka point. Hors peut-être la toute dernière phrase du Procès *(qui sonne étrangement comme un de ses aphorismes en "il" : "C'était comme si la honte allait lui survivre") il apparaît que c'est bien la tentative littéraire de Kafka qui interdit par essence le registre moral, distancié, qui cependant s'élabore avec radicalité dans sa vie — et à travers ses aphorismes laissés.*

On le comprend, si la perspective fictionnelle découverte par Kafka est celle de l'évacuation de soi — et la prise comme objet central, aussi bien que dans l'écriture, de cette évacuation même — nous nous trouvons alors, dans le regard porté sur ses aphorismes, tel au dessus de son épaule, en prise sur ce qui livre, indéniablement, la morale qui présida à un enjeu littéraire excroissant, la complémentaire majeure d'un système : Kafka tenta une littérature nouvelle sur l'éradication mimée de la pensée personnelle, or sa personnalité propre s'y articule et s'en modifie, or se fait jour aussi

sous sa plume l'évidence d'écrire, en retour, tel un moraliste, des "pensées", dont l'ambiguïté et le mode de fixation même tiennent enfin à l'ampleur de l'expérience littéraire accomplie. Comme pour la corriger et la compléter. On découvrira ainsi des aphorismes qui éclairent d'une lumière aveuglante mainte visée de son œuvre de fiction et dont ils semblent étrangement découler; citons pour l'exemple le fulgurant: "Dans le duel entre le monde et toi, assiste le monde", que l'on pourrait placer au linteau de L'Amérique, *du* Procès, *aussi bien que du* Château.

Nous touchons ici à une quadrature quant à l'approche de l'œuvre et de la morale de Franz Kafka et le phénomène ne semble pas avoir été à ce jour assez justement pesé.

Certes des chercheurs avisés ont appelé à l'examen des aphorismes laissés, mais l'édition française demeure très en arrière de l'envergure réelle d'une telle problématique, prisonnière de ses choix initiaux, de la mise en place de la figure Franz Kafka comme proue d'un "fantastique" de notre siècle.

Ainsi ces aphorismes, dont la traduction en outre était à reconsidérer, viennent-ils compléter parfois tel volume hybride, entre le document, la correspondance et l'esquisse, à la différence de l'édition allemande qui, dès 1924, donne en clair l'intitulé "aphorismes" sur les recueils d'œuvres de Kafka — et l'heureuse tradition s'en poursuit jusqu'à nos jours sur les couvertures mêmes des éditions de poche (mais il est vrai que l'aphorisme est dans la production en langue allemande un genre littéraire à part entière, tandis qu'en

France il ressortit plutôt à un registre, un écart, une "curiosité ").

On trouvera ici les deux grandes séries nettement délimitées des aphorismes de Kafka aujourd'hui éditées en allemand. La première, préparée par Kafka jusqu'en 1919, entre Prague et ses retraites à la campagne, est marquée par l'ombre menaçante de la tuberculose, par l'oscillation et le rejet dont témoignent ces années de relations convulsives avec la femme, l'impossible alma rêvée, Félice, Julie, … Milena ; la seconde série, articulée sur le "il " (dont Kafka a dit que cette troisième personne du verbe signa son passage de la quête initiale à la littérature effective), à l'orée de 1920, tandis qu'il délaisse son volumineux journal, commencé dix années plus tôt, et comme venant étrangement s'y substituer, datant à présent sur quelques pages de ses « cahiers bleus », plutôt que les numérotant, ses pensées et aphorismes.*

Il nous appartient aujourd'hui, avec un peu de surprise et presque de la gêne (sous l'égide, il est vrai, d'un éditeur qui a choisi de signer sous le nom de Joseph K.), d'inviter à la considération expresse, singulière, autonome et majeure, du livre splendide, murmuré, des aphorismes de Franz Kafka.

Alain Coelho

* voir nos notes p. 12 et p. 58

I *

1

Der wahre Weg geht über ein Seil, das nicht in der Höhe gespannt ist, sondern knapp über dem Boden. Es scheint mehr bestimmt stolpern zu machen, als begangen zu werden.

2

Alle menschlichen Fehler sind Ungeduld, ein vorzeitiges Abbrechen des Methodischen, ein scheinbares Einpfählen der scheinbaren Sache.

3

Es gibt zwei menschliche Hauptsünden, aus welchen sich alle andern ableiten: Ungeduld und Lässigkeit. Wegen der Ungeduld sind sie aus dem Paradiese vertrieben worden, wegen der Lässigkeit kehren sie nicht zurück. Vielleicht aber gibt es nur eine Hauptsünde: die Ungeduld. Wegen der Ungeduld sind sie vertrieben worden, wegen der Ungeduld kehren sie nicht zurück.

* Il s'agit là de la série des aphorismes que Kafka a ordonnés entre 1917 et 1919 et numérotés en vue d'une publication. Notre leçon du texte collationne les états publiés à Charlottenburg, Berlin et Prague, par Max Brod et Hans Joachim Schoeps,

I

APHORISMES DE 1 A 109 *

1

En fait la voie passe par un fil qui n'est pas tendu en hauteur, mais très près du sol, plus là pour faire trébucher que pour être franchi.

2

Tous les défauts humains se ramènent à l'impatience, rupture prématurée d'une méthode, illusoire caparaçon de l'illusion.

3

Chez l'homme les deux péchés capitaux d'où dérivent tous les autres sont l'impatience et la négligence. A l'impatience il doit d'avoir été chassé du paradis, à la négligence de n'y point retourner. Mais au fond il n'existe peut-être qu'un seul péché capital, l'impatience. A cause d'elle il fut chassé, à cause d'elle il ne reviendra pas.

de 1924 à 1937. La numérotation de Kafka est parfois indécise, donnant différents états ou regroupant au contraire deux aphorismes en un seul. Les passages que nous signalons d'un astérisque ont été biffés et conservés par Kafka.

4

Viele Schatten der Abgeschiedenen beschäftigen sich nur damit, die Fluten des Totenflusses zu belecken, weil er von uns herkommt und noch den salzigen Geschmack unserer Meere hat. Vor Ekel sträubt sich dann der Fluß, nimmt eine rückläufige Strömung und schwemmt die Toten ins Leben zurück. Sie aber sind glücklich, singen Danklieder und streicheln den Empörten.

5

Von einem gewissen Punkt an gibt es keine Rückkehr mehr. Dieser Punkt ist zu erreichen.

6

Der entscheidende Augenblick der menschlichen Entwicklung ist immerwährend. Darum sind die revolutionären geistigen Bewegungen, welche alles Frühere für nichtig erklären, im Recht, denn es ist noch nichts geschehen.

7

Eines der wirksamsten Verführungsmittel des Bösen ist die Aufforderung zu Kampf.

8

Er ist wie der Kampf mit Frauen, der im Bett endet.

9

A. ist sehr aufgeblasen, er glaubt, im Guten weit vorgeschritten zu sein, da er, offenbar als ein immer verlock-

4

Bien des ombres des disparus ont pour seule occupation de lécher les flots du fleuve des morts car il émane de nous et conserve le goût du sel de nos mers. Ecœuré le fleuve se cabre, inverse son cours et rejette dans la vie les morts qui, heureux, entonnent des chants d'action de grâces et flattent le rebelle.

5

A partir d'un certain point il n'est plus de retour. C'est ce point qu'il faut atteindre.

6

Dans l'évolution de l'humanité l'instant décisif est permanent. C'est donc à bon droit que les mouvements révolutionnaires intellectuels décrètent comme nul et non avenu tout ce qui les précède, car rien n'est encore avenu.

7

Parmi les moyens de séduction dont dispose le Malin un des plus efficaces est d'inciter au combat.

8

A l'instar du combat avec les femmes qui se termine au lit.

9

A., très infatué de soi, croit avoir fortement avancé dans le sens du bien : tel un aimant dont la force d'attraction

ender Gegenstand, immer mehr Versuchungen aus ihm bisher ganz unbekannten Richtungen sich ausgesetzt fühlt.

10

Die richtige Erklärung ist aber die, daß ein großer Teufel in ihm Platz genommen hat und die Unzahl der kleineren herbeikommt, um dem Großen zu dienen.

11-12

Verschiedenheit der Anschauungen, die man etwa von einem Apfel haben kann: die Anschauung des kleinen Jungen, der den Hals strecken muß, um noch knapp den Apfel auf der Tischplatte zu sehn, und die Anschauung des Hausherrn, der den Apfel nimmt und frei dem Tischgenossen reicht.

13

Ein erstes Zeichen beginnender Erkenntnis ist der Wunsch zu sterben. Dieses Leben scheint unerträglich, ein anderes unerreichbar. Man schämt sich nicht mehr, sterben zu wollen; man bittet, aus der alten Zelle, die man haßt, in eine neue gebracht zu werden, die man erst hassen lernen wird. Ein Rest von Glauben wirkt dabei mit, während des Transportes werde zufällig der Herr durch den Gang kommen, den Gefangenen ansehen und sagen: « Diesen sollt ihr nicht wieder einsperren. Er kommt zu mir. »

14

** Gingest du über eine Ebene, hättest den guten Willen*

croît il se sent de plus en plus exposé à des tentations émanant d'horizons de lui jusque-là inconnus.

10

Mais la véritable explication est qu'en lui un grand diable a pris place, rejoint par une myriade de plus petits venus se mettre à son service.

11-12

Qu'elle est différente la vision que l'on peut avoir d'une pomme : celle de l'enfant qui doit tendre le cou pour l'entr'apercevoir sur la table et celle du maître de céans qui la saisit et en fait don à son hôte.

13

Le premier signe d'émergence de l'intelligence est le désir de mourir. Cette vie semble insupportable, une autre hors d'atteinte. On n'a plus honte de vouloir mourir. On demande à quitter l'ancienne cellule honnie pour être emmené dans une nouvelle que l'on apprendra à haïr. Un reste de foi nous fait caresser l'idée que le Seigneur, durant notre transfert, passera par hasard dans le couloir, jettera un coup d'œil sur le prisonnier et dira : "Ne remettez pas celui-là sous les verrous, qu'il me rejoigne."

14

Si tu parcourais la plaine avec la ferme volonté d'avan-

zu gehen und machtest doch Rückschritte, dann wäre es eine verzweifelte Sache; da du aber einen steilen Abhang hinaufkletterst, so steil etwa, wie du selbst von unten gesehen bist, können die Rückschritte auch nur durch die Bodenbeschaffenheit verursacht sein, und du mußt nicht verzweifeln.

15

Wie ein Weg im Herbst: Kaum ist er rein gekehrt, bedeckt er sich wieder mit den trockenen Blättern.

16

Ein Käfig ging einen Vogel suchen.

17

An diesem Ort war ich noch niemals: Anders geht der Atem, blendender als die Sonne strahlt neben ihr ein Stern.

18

Wenn es möglich gewesen wäre, den Turm von Babel zu erbauen, ohne ihn zu erklettern, es wäre erlaubt worden.

19

** Laß dich vom Bösen nicht glauben machen, du könntest vor ihm Geheimnisse haben.*

20

Leoparden brechen in den Tempel ein und saufen die Opfterkrüge leer; das wiederholt sich immer wieder; schließlich kann man es vorausberechnen, und es wird ein Teil der Zeremonie.

cer et que tes pas te ramenaient quand même en arrière, il y aurait matière à désespérer. Mais comme tu grimpes une pente aussi abrupte que toi vu d'en bas, ces retours en arrière ne sont, peut-être, dus qu'à la nature du terrain ; il n'y a plus lieu de désespérer.

15

A l'image du chemin à l'automne : à peine nettoyé il se recouvre de feuilles sèches.

16

Une cage est partie à la recherche d'un oiseau.

17

Jamais je ne suis venu en ce lieu : ma respiration change, une étoile y éclipse l'éclat du soleil.

18

S'il avait été possible d'édifier la tour de Babel sans y grimper, cela eût été chose permise.

19

Ne te laisse pas convaincre par le Malin que tu peux avoir des secrets qu'il ignore.

20

Des léopards font irruption dans le temple et vident les jarres sacrificielles. La scène se répète sans cesse ; finalement on peut la prévoir, elle fera partie de la cérémonie.

21

So fest wie die Hand den Stein hält. Sie hält ihn aber fest, nur um ihn desto weiter zu verwerfen. Aber auch in jene Weite führt der Weg.

22

Du bist die Aufgabe. Kein Schüler weit und breit.

23

Vom wahren Gegner fährt grenzenloser Mut in dich.

24

Das Glück begreifen, daß der Boden, auf dem du stehst, nicht größer sein kann, als die zwei Füße ihn bedecken.

25

Wie kann man sich über die Welt freuen, außer wenn man zu ihr flüchtet?

26

* *Verstecke sind unzählige, Rettung nur eine, aber Möglichkeiten der Rettung wieder so viele wie Verstecke.*

* *Es gibt ein Ziel, aber keinen Weg; was wir Weg nennen, ist Zögern.*

27

Das Negative zu tun, ist uns noch auferlegt; das Positive ist uns schon gegeben.

21

Ferme comme une main tenant une pierre. Mais elle ne la tient ferme que pour la lancer encore plus loin, aussi loin que mène le chemin.

22

Le devoir à faire, c'est toi. Pas un élève aux alentours.

23

Le véritable ennemi t'insuffle un courage sans borne.

24

Le bonheur c'est de comprendre que la place que tu occupes ne peut être plus grande que ce que peuvent recouvrir tes deux pieds.

25

Quelle joie prendre au monde, si ce n'est y trouver refuge?

26

Les cachettes sont innombrables, le salut est un, mais il y a autant de possibilités de salut que de cachettes.
Le but existe, mais pas ie chemin. Ce que nous appelons chemin, c'est notre indécision.

27

Agir négativement nous est imposé en sus, le positif nous est donné a priori.

28

Wenn man einmal das Böse bei sich aufgenommen hat, verlangt es nicht mehr, daß man ihm glaube.

29

Die Hintergedanken, mit denen du das Böse in dir aufnimmst, sind nicht die deinen, sondern die des Bösen.
** Das Tier entwindet dem Herrn die Peitsche und peitscht sich selbst, um Herr zu werden, und weiß nicht, daß das nur eine Phantasie ist, erzeugt durch einen neuen Knoten im Peitschenriemen des Herrn.*

30

Das Gute ist in gewissem Sinne trostlos.

31

Nach Selbstbeherrschung strebe ich nicht. Selbstbeherrschung heißt: an einer zufälligen Stelle der unendlichen Ausstrahlungen meiner geistigen Existenz wirken wollen. Muß ich aber solche Kreise um mich ziehen, dann tue ich es besser untätig im bloßen Anstaunen des ungeheuerlichen Komplexes und nehme nur die Stärkung, die e contrario dieser Anblick gibt, mit nach Hause.

32

Die Krähen behaupten, eine einzige Krähe könnte den Himmel zerstören. Das ist zweifellos, beweist aber nichts gegen den Himmel, denn Himmel bedeuten eben: Unmöglichkeit von Krähen.

28

Une fois en nous le Malin ne demande plus qu'on le croie.

29

Tes arrière-pensées quand tu accueilles en toi le Malin ne sont pas tiennes, ce sont les siennes.
La bête arrache la cravache à son maître et se fouette pour devenir son égal ; elle ignore qu'il n'y a là qu'illusion provoquée par un nouveau nœud dans la lanière du fouet du maître.

30

Dans un certain sens le bien est désespéré.

31

Je n'aspire point à la maîtrise de moi-même car ce serait vouloir exercer une action sur un point aléatoire du rayonnement infini de la vie de mon esprit. Mais si je suis contraint d'édifier des défenses autour de moi, c'est en restant inactif que je m'en acquitterai au mieux : me contentant d'admirer la monstrueuse complexité des choses, je n'engrangerai alors que le réconfort que cette vue, a contrario, offre.

32

Les corneilles affirment qu'une corneille à elle seule serait capable de détruire le ciel. C'est indubitable mais cela ne prouve rien contre le ciel car les cieux sont justement le signe de l'inanité des corneilles.

33

** Die Märtyrer unterschätzen den Leib nicht, sie lassen ihn auf dem Kreuz erhöhen. Darin sind sie mit ihren Gegnern einig.*

34

Sein Ermatten ist das des Gladiators nach dem Kampf, seine Arbeit war das Weißtünchen eines Winkels in einer Beamtenstube.

35

Es gibt kein Haben, nur ein Sein, nur ein nach letztem Atem, nach Ersticken verlangendes Sein.

36

Früher begriff ich nicht, warum ich auf meine Frage keine Antwort bekam, heute begreife ich nicht, wie ich glauben konnte, fragen zu können. Aber ich glaubte ja gar nicht, ich fragte nur.

37

Seine Antwort auf die Behauptung, er besitze vielleicht, sei aber nicht, war nur Zittern und Herzklopfen.

38

Einer staunte darüber, wie leicht er den Weg der Ewigkeit ging; er raste ihn nämlich abwärts.

33

Les martyrs ne sous-estiment pas le corps, ils l'élèvent sur la croix, en quoi ils s'accordent avec leurs adversaires.

34

Exténué tel le gladiateur après le combat, il avait pour tâche de badigeonner un coin de bureau de fonctionnaire.

35

L'Avoir n'existe pas, seul existe l'Être, un Être qui réclame le dernier souffle, l'étouffement.

36

Jadis je ne comprenais pas pourquoi ma question restait sans réponse ; aujourd'hui je ne comprends pas comment j'ai pu croire être en mesure de la poser. En fait je ne le croyais pas, je ne faisais que poser la question.

37

A qui affirmait qu'il Avait peut-être mais n'Était pas, il ne répondait que par des palpitations du cœur et des tremblements.

38

Il s'étonnait de la facilité avec laquelle il avançait sur la voie de l'éternité ; en effet il la descendait à toute allure.

39

Dem Bösen kann man nicht in Raten zahlen — und versucht es unaufhörlich.

Es wäre denkbar, daß Alexander der Große trotz den kriegerischen Erfolgen seiner Jugend, trotz dem ausgezeichneten Heer, das er ausgebildet hatte, trotz den auf Veränderung der Welt gerichteten Kräften, die er in sich fühlte, am Hellespont stehen geblieben und ihn nie überschritten hätte, und zwar nicht aus Furcht, nicht aus Unentschlossenheit, nicht aus Willensschwäche, sondern aus Erdenschwere.

Der Weg ist unendlich, da ist nichts abzuziehen, nichts zuzugeben und doch hält jeder noch seine eigene kindliche Elle daran. « Gewiß, auch diese Elle Wegs mußt du noch gehen, es wird dir nicht vergessen werden. »

40

Nur unser Zeitbegriff läßt uns das Jüngste Gericht so nennen, eigentlich ist es ein Standrecht.

41

Das Mißverhältnis der Welt scheint tröstlicherweise nur ein zahlenmäßiges zu sein.

42

Den ekel- und haßerfüllten Kopf auf die Brust senken.

43

Noch spielen die Jagdhunde im Hof, aber das Wild entgeht ihnen nicht, so sehr es jetzt schon durch die Wälder jagt.

39

Le Malin ne s'achète pas à tempérament, mais on essaie toujours.
On pourrait imaginer qu'Alexandre le Grand, malgré les succès guerriers de sa jeunesse, l'excellence de l'armée qu'il avait formée, malgré ce qu'il sentait en lui de forces capables de changer le monde, se serait quand même arrêté sur l'Hellespont et ne l'aurait pas franchi, non par crainte ni irrésolution ou manque de volonté, mais de par la force de la pesanteur.
Le chemin est infini, on n'y peut rien soustraire ni ajouter mais, puérilement, chacun y applique son aune. "Même cette aune du chemin il te faudra la parcourir, non, cela ne te sera pas épargné."

40

Seule notre conception du temps nous permet de parler de Jugement Dernier, en fait il s'agit de loi martiale.

41

Il est consolant de constater que la disharmonie de ce monde ne semble être que numérique.

42

Incliner une tête pleine d'écœurement et de haine.

43

La meute joue encore dans la cour ; le gibier a beau filer dans les bois, il ne lui échappera pas.

44

Lächerlich hast du dich aufgeschirrt für diese Welt.

45

Je mehr Pferde du anspannst, desto rascher gehts — nämlich nicht das Ausreißen des Blocks aus dem Fundament, was unmöglich ist, aber das Zerreißen der Riemen und damit die leere fröhliche Fahrt.

46

Das Wort « sein » bedeutet im Deutschen beides : Dasein und Ihmgehören.

47

Es wurde ihnen die Wahl gestellt, Könige oder der Könige Kuriere zu werden. Nach Art der Kinder wollten alle Kuriere sein. Deshalb gibt es lauter Kuriere, sie jagen durch die Welt und rufen, da es keine Könige gibt, einander selbst die sinnlos gewordenen Meldungen zu. Gerne würden sie ihrem elenden Leben ein Ende machen, aber sie wagen es nicht wegen des Diensteides.

48

An Fortschritt glauben heißt nicht glauben, daß ein Fortschritt schon geschehen ist. Das wäre kein Glauben.

49

A. ist ein Virtuose und der Himmel ist sein Zeuge.

44

Tu t'es harnaché pour ce monde, tu es ridicule.

45

Plus tu attelles de chevaux, plus cela va vite : le bloc ne s'arrache pas à ses fondations, c'est impossible, mais les brides cèdent et c'est alors la course vide et joyeuse.

46

En allemand l'infinitif du verbe “être” a deux sens, il désigne l'existence et l'appartenance.

47

On leur donne le choix : devenir des rois ou les messagers des rois. Comme les enfants, ils veulent tous être des messagers : il n'y a donc que cela. Ils parcourent le monde et, en l'absence de rois, ils échangent entre eux des messages qui ont perdu tout sens. Ils aimeraient mettre fin à leur existence pitoyable mais n'osent pas : ils ont prêté serment.

48

Croire au progrès ne veut pas dire croire qu'un progrès s'est déjà produit : ce ne serait pas une croyance.

49

A. est virtuose et le ciel son témoin.

50

** Der Mensch kann nicht leben ohne ein dauerndes Vertrauen zu etwas Unzerstörbarem in sich, wobei sowohl das Unzerstörbare als auch das Vertrauen ihm dauernd verborgen bleiben können. Eine der Ausdrucksmöglichkeiten dieses Verborgenbleibens ist der Glaube an einen persönlichen Gott.*

51

** Es bedurfte der Vermittlung der Schlange: das Böse kann den Menschen verführen, aber nicht Mensch werden.*

52

** Im Kampf zwischen dir und der Welt sekundiere der Welt.*

53

Man darf niemanden betrügen, auch nicht die Welt um ihren Sieg.

54

Es gibt nichts anderes als eine geistige Welt; was wir sinnliche Welt nennen, ist das Böse in der geistigen, und was wir böse nennen, ist nur eine Notwendigkeit eines Augenblicks unserer ewigen Entwicklung.

** Mit stärkstem Licht kann man die Welt auflösen. Vor schwachen Augen wird sie fest, vor noch schwächeren bekommt sie Fäuste, vor noch schwächeren wird sie schamhaft und zerschmettert den, der sie anzuschauen wagt.*

50

L'homme ne peut vivre sans une confiance durable en quelque chose d'indestructible en lui. Mais et cette confiance et cette chose peuvent lui rester dissimulées à jamais et s'exprimer par la croyance en un Dieu personnel.

51

Il a eu besoin de la médiation du serpent : le Malin peut séduire l'homme, il ne peut devenir homme.

52

Dans le duel entre le monde et toi, assiste le monde.

53

On n'a pas le droit de frustrer quiconque, pas même le monde de sa victoire.

54

Rien n'existe que le monde de l'esprit ; ce que nous appelons monde des sens, c'est le Malin dans le monde de l'esprit. Ce que nous appelons le mal n'est que nécessité d'un instant dans l'éternité de notre développement.
A l'aide d'une lumière très forte on peut dissoudre le monde. Qui a une faible vue le voit se solidifier. Qui a une vue plus faible lui voit pousser des poings. Qui a une vue plus faible encore le voit devenir pudique et foudroyer celui qui ose le regarder.

55

Alles ist Betrug: das Mindestmaß der Täuschungen suchen, im üblichen bleiben, das Höchstmaß suchen. Im ersten Fall betrügt man das Gute, indem man sich dessen Erwerbung zu leicht machen will, das Böse, indem man ihm allzu ungünstige Kampfbedingungen setzt. Im zweiten Fall betrügt man das Gute, indem man also nicht einmal im Irdischen nach ihm strebt. Im dritten Fall betrügt man das Gute, indem man sich möglichst weit von ihm entfernt, das Böse, indem man hofft, durch seine Höchststeigerung es machtlos zu machen. Vorzuziehen wäre also hiernach der zweite Fall, denn das Gute betrügt man immer, das Böse in diesem Fall, wenigstens dem Anschein nach, nicht.

56

Es gibt Fragen, über die wir nicht hinwegkommen könnten, wenn wir nicht von Natur aus von ihnen befreit wären.

57

Die Sprache kann für alles außerhalb der sinnlichen Welt nur andeutungsweise, aber niemals auch nur annähernd vergleichsweise gebraucht werden, da sie, entsprechend der sinnlichen Welt, nur vom Besitz und seinen Beziehungen handelt.

58

** Man lügt möglichst wenig, nur wenn man möglichst wenig lügt, nicht wenn man möglichst wenig Gelegenheit dazu hat.*

55

Que l'on cherche à tricher au minimum, que l'on reste dans la mesure commune ou que l'on cherche à tricher au maximum, tout est tromperie. Dans le premier cas on trompe le bien en voulant s'en faciliter par trop l'accès mais on trompe tout autant le mal en lui imposant un combat à des conditions par trop inégales. Dans le second cas le bien est floué : on ne cherche même pas à l'atteindre ici-bas. Dans le troisième cas on trompe le bien en s'éloignant de lui autant qu'il est possible et le mal en espérant le réduire à l'impuissance en fixant la mise très haut. A tout prendre la seconde solution serait préférable car l'on trompe toujours le bien mais apparemment, dans ce cas, pas le mal.

56

Il est des questions que nous ne pourrions éluder si, de par nature, nous n'étions pas dispensés de nous les poser.

57

A part le domaine des sens la langue ne peut être qu'allusive et en aucun cas comparative car, comme les sens, elle ne traite que de possession et de tout ce qui y est lié.

58

On ne fait le moins possible de mensonges que lorsqu'on ment le moins possible et non lorsqu'on en a le moins l'occasion.

59

** Eine durch Schritte nicht tief ausgehöhlte Treppenstufe ist, von sich selber aus gesehen, nur etwas öde zusammengefügtes Hölzernes.*

60

Wer der Welt entsagt, muß alle Menschen lieben, denn er entsagt auch ihrer Welt. Er beginnt daher, das wahre menschliche Wesen zu ahnen, das nicht anders als geliebt werden kann, vorausgesetzt, daß man ihm ebenbürtig ist.

61

** Wer innerhalb der Welt seinen Nächsten liebt, tut nicht mehr und nicht weniger Unrecht, als wer innerhalb der Welt sich selbst liebt. Es bliebe nur die Frage, ob das erstere möglich ist.*

62

Die Tatsache, daß es nichts anderes gibt als eine geistige Welt, nimmt uns die Hoffnung und gibt uns die Gewißheit.

63

Unsere Kunst ist ein von der Wahrheit Geblendet-Sein: Das Licht auf dem zurückweichenden Fratzengesicht ist wahr, sonst nichts.

64-65

Die Vertreibung aus dem Paradies ist in ihrem Hauptteil ewig: Es ist also zwar die Vertreibung aus dem

59

De son point de vue même une marche que les pas n'ont pas profondément creusée n'est qu'un assemblage de bois sans vie.

60

Il faut qu'il aime tous les hommes celui qui renonce au monde, car il renonce aussi à leur monde et commence alors à deviner l'essence de la nature humaine qu'on ne peut qu'aimer, pour peu qu'on soit à sa hauteur.

61

Qui en ce monde aime son prochain n'est ni plus ni moins injuste que celui qui, en ce monde, s'aime lui-même. Il resterait à se demander si le premier cas de figure est possible.

62

Que rien n'existe que le monde de l'esprit nous enlève l'espoir pour nous donner la certitude.

63

Être ébloui par la vérité, c'est là tout notre art ; seule est vraie la lumière sur le visage grotesque qui recule.

64-65

On peut globalement considérer notre exclusion du paradis comme éternelle. Si donc elle est définitive, si la

Paradies endgültig, das Leben in der Welt unausweichlich, die Ewigkeit des Vorganges aber (oder zeitlich ausgedrückt : die ewige Wiederholung des Vorgangs) macht es trotzdem möglich, daß wir nicht nur dauernd im Paradiese bleiben könnten, sondern tatsächlich dort dauernd sind, gleichgültig ob wir es hier wissen oder nicht.

66

Er ist ein freier und gesicherter Bürger der Erde, denn er ist an eine Kette gelegt, die lang genug ist, um ihm alle irdischen Räume frei zu geben, und doch nur so lang, daß nichts ihn über die Grenzen der Erde reißen kann. Gleichzeitig aber ist er auch ein freier und gesicherter Bürger des Himmels, denn er ist auch an eine ähnlich berechnete Himmelskette gelegt. Will er nun auf die Erde, drosselt ihn das Halsband des Himmels, will er in den Himmel, jenes der Erde. Und trotzdem hat er alle Möglichkeiten und fühlt es ; ja, er weigert sich sogar, das Ganze auf einen Fehler bei der ersten Fesselung zurückzuführen.

67

Er läuft den Tatsachen nach wie ein Anfänger im Schlittschuhlaufen, der überdies irgendwo übt, wo es verboten ist.

68

Was ist fröhlicher als der Glaube an einen Hausgott !

vie en ce monde est inévitable, il n'en reste pas moins que ce processus éternel se traduit en termes de temps par un processus éternellement répété qui nous permet non seulement d'envisager rester au paradis, mais d'y être effectivement à vie, même à notre insu.

66

Citoyen libre en sûreté sur la terre, il est attaché à une chaîne assez longue pour lui permettre l'accès à tout l'espace terrestre, juste assez longue pour l'empêcher d'être entraîné au-delà de ses limites. En même temps il est citoyen libre en sûreté au ciel, où une chaîne céleste tout aussi bien mesurée le retient. S'il tente de descendre sur terre le collier céleste l'étrangle, s'il tente d'atteindre le ciel c'est au collier terrestre de faire son office. Pourtant toutes les possibilités lui sont offertes et il le sent; il va jusqu'à refuser de tout ramener à une faute commise la première fois qu'il fut enchaîné.

67

Il court après les faits comme un patineur débutant ; en outre il s'entraîne partout où c'est interdit.

68

Est-il quelque chose de plus gai que la croyance en un Dieu domestique !

69

Theoretisch gibt es eine vollkommene Glücksmöglichkeit: An das Unzerstörbare in sich glauben und nicht zu ihm streben.

70-71

Das Unzerstörbare ist eines ; jeder einzelne Mensch ist es und gleichzeitig ist es allen gemeinsam, daher die beispiellos untrennbare Verbindung der Menschen.

72

* *Es gibt im gleichen Menschen Erkenntnisse, die bei völliger Verschiedenheit doch das gleiche Objekt haben, so daß wieder nur auf verschiedene Subjekte im gleichen Menschen rückgeschlossen werden muß.*

73

Er frißt den Abfall vom eigenen Tisch; dadurch wird er zwar ein Weilchen lang satter als alle, verlernt aber, oben vom Tisch zu essen; dadurch hört dann aber auch der Abfall auf.

74

Wenn das, was im Paradies zerstört worden sein soll, zerstörbar war, dann war es nicht entscheidend; war es aber unzerstörbar, dann leben wir in einem falschen Glauben.

75

* *Prüfe dich an der Menschheit. Den Zweifelnden macht sie zweifeln, den Glaubenden glauben.*

69

En théorie il existe une possibilité de bonheur absolu : croire à quelque chose d'indestructible en soi et ne pas chercher à l'atteindre.

70-71

Cette chose indestructible est une, en chaque individu, commune à tous, ciment unique et indestructible entre les hommes.

72

Dans le même homme cœxistent des notions totalement différentes dont l'objet est le même ; on ne peut qu'en déduire que des sujets différents cœxistent dans le même homme.

73

Il dévore les déchets tombés de sa propre table ; un temps il mange à sa faim, plus que tout le monde, mais il désapprend comment manger à la table ; alors il n'y aura plus de déchets.

74

Si ce qui est censé avoir été détruit au paradis était destructible, ce n'était pas essentiel ; si c'était indestructible, la croyance où nous vivons est fausse.

75

Examine-toi à l'aune de l'humanité. Elle fait douter celui qui doute et donne la foi au croyant.

76

Dieses Gefühl : « hier ankere ich nicht » — und gleich die wogende, tragende Flut um sich fühlen !
** Ein Umschwung. Lauernd, ängstlich, hoffend umschleicht die Antwort die Frage, sucht verzweifelt in ihrem unzugänglichen Gesicht, folgt ihr auf den sinnlosesten, das heißt von der Antwort möglichst wegstrebenden Wegen.*

77

Verkehr mit Menschen verführt zur Selbstbeobachtung.

78

Der Geist wird erst frei, wenn er aufhört, Halt zu sein.

79

Die sinnliche Liebe täuscht über die himmlische hinweg ; allein könnte sie es nicht, aber da sie das Element der himmlischen Liebe unbewußt in sich hat, kann sie es.

80

Wahrheit ist unteilbar, kann sich also selbst nicht erkennen ; wer sie erkennen will, muß Lüge sein.

81

Niemand kann verlangen, was ihm im letzten Grunde schadet. Hat es beim einzelnen Menschen doch diesen Anschein — und den hat es vielleicht immer —, so

76

Ressentir : “ Ce n’est pas ici que je jetterai l’ancre ” puis se sentir aussitôt porté par les vagues autour de soi ! Un changement brutal et la question, aux aguets, anxieuse, pleine d’espoir, rôde autour de la réponse, scrute désespérée son visage impénétrable, la suit jusqu’aux limites de l’absurde, sur des chemins qui s’éloignent d’elle au maximum.

77

La fréquentation des hommes pervertit jusqu’à mener à l’observation de soi.

78

L’esprit n’est libre que quand il cesse d’être un appui.

79

L’amour sensuel fait oublier l’amour céleste. A lui seul il ne le pourrait pas mais il en est capable car il en contient une part à son insu.

80

La vérité est indivisible, donc incapable de se connaître elle-même ; qui veut la connaître ne peut qu’être dans le mensonge.

81

Personne ne peut aspirer à ce qui au bout du compte lui nuirait. Si l’on a quand même cette impression chez certains, et peut-être chez tous, cela vient de ce qu’en

erklärt sich dies dadurch, daß jemand im Menschen etwas verlangt, was diesem Jemand zwar nützt, aber einem zweiten Jemand, der halb zur Beurteilung des Falles herangezogen wird, schwer schadet. Hätte sich der Mensch gleich anfangs, nicht erst bei der Beurteilung auf Seite des zweiten Jemand gestellt, wäre der erste Jemand erloschen und mit ihm das Verlangen.

82

Warum klagen wir wegen des Sündenfalles ? Nicht seinetwegen sind wir aus dem Paradiese vertrieben worden, sondern wegen des Baumes des Lebens, damit wir nicht von ihm essen.

83

Wir sind nicht nur deshalb sündig, weil wir vom Baum der Erkenntnis gegessen haben, sondern auch deshalb, weil wir vom Baum des Lebens noch nicht gegessen haben. Sündig ist der Stand, in dem wir uns befinden, unabhängig von Schuld.

84

Wir wurden geschaffen, um im Paradies zu leben, das Paradies war bestimmt, uns zu dienen. Unsere Bestimmung ist geändert worden ; daß dies auch mit der Bestimmung des Paradieses geschehen wäre, wird nicht gesagt.

85

Das Böse ist eine Ausstrahlung des menschlichen Bewußtseins in bestimmten Übergangsstellungen. Nicht

l'homme Quelqu'un réclame une chose qui lui sert mais nuit profondément à un autre Quelqu'un, convoqué peut-être pour juger le cas. Si l'homme, dès le début, avait choisi le camp du second sans attendre le jugement, le premier aurait disparu entraînant avec lui cette aspiration première.

82

Pourquoi se plaindre du péché originel? Ce n'est pas à lui que nous devons d'avoir été chassés du paradis, mais à l'arbre de vie : pour que nous ne mangions pas de ses fruits.

83

Ce qui fait de nous des pécheurs n'est pas seulement d'avoir goûté aux fruits de l'arbre de la connaissance mais de n'avoir pas encore goûté aux fruits de l'arbre de vie. L'état de péché où nous nous trouvons est indépendant de la faute.

84

Nous fûmes créés pour vivre au paradis et le paradis était destiné à nous servir. Quant à ce à quoi nous étions destinés, cela a changé. En a-t-il été de même de ce à quoi le paradis était destiné? — l'histoire ne le dit pas.

85

Le mal provient du rayonnement de la conscience humaine dans certaines situations transitoires. Ce n'est pas

eigentlich die sinnliche Welt ist Schein, sondern ihr Böses, das allerdings für unsere Augen die sinnliche Welt bildet.

86

Seit dem Sündenfall sind wir in der Fähigkeit zur Erkenntnis des Guten und Bösen im Wesentlichen gleich; trotzdem suchen wir gerade hier unsere besonderen Vorzüge. Aber erst jenseits dieser Erkenntnis beginnen die wahren Verschiedenheiten. Der gegenteilige Schein wird durch folgendes hervorgerufen: Niemand kann sich mit der Erkenntnis allein begnügen, sondern muß sich bestreben, ihr gemäß zu handeln. Dazu aber ist ihm die Kraft nicht mitgegeben, er muß daher sich zerstören, selbst auf die Gefahr hin, sogar dadurch die notwendige Kraft nicht zu erhalten, aber es bleibt ihm nichts anderes übrig, als dieser letzte Versuch. (Das ist auch der Sinn der Todesdrohung beim Verbot des Essens vom Baume der Erkenntnis; vielleicht ist das auch der ursprüngliche Sinn des natürlichen Todes.) Vor diesem Versuch nun fürchtet er sich; lieber will er die Erkenntnis des Guten und Bösen rückgängig machen (die Bezeichnung « Sündenfall » geht auf diese Angst zurück); aber das Geschehene kann nicht rückgängig gemacht, sondern nur getrübt werden. Zu diesem Zweck entstehen die Motivationen. Die ganze Welt ist ihrer voll, ja die ganze sichtbare Welt ist vielleicht nichts anderes als eine Motivation des einen Augenblick lang ruhenwollenden Menschen. Ein Versuch, die Tatsache der Erkenntnis zu fälschen, die Erkenntnis erst zum Ziel zu machen.

à proprement parler le monde sensible qui est apparence mais le mal qui en émane. Il faut bien dire qu'à nos yeux c'est lui qui constitue ce monde sensible.

86

Depuis la chute nous sommes à peu près à égalité dans les capacités à connaître le bien et le mal ; pourtant c'est sur ce point que nous cherchons à faire valoir nos avantages alors que les véritables différences se situent au-delà de cette connaissance. Cette opposition apparente vient de ce que personne ne peut se contenter de cette seule connaissance mais se sent obligé de s'efforcer d'agir conformément à elle. Mais, comme les capacités pour cette tâche lui manquent, il ne peut que se détruire en risquant même d'y laisser ses quelques forces. Il n'y a pourtant pas d'autre choix que cette tentative ultime. (C'est là le sens de la menace de mort liée à l'interdiction de goûter aux fruits de l'arbre de la connaissance et peut-être est-ce aussi l'origine de la mort naturelle). Il recule alors devant cette tentative et préfère renoncer à la connaissance du bien et du mal (le terme de péché, de chute renvoie à cette peur); mais on ne peut annuler ce qui s'est passé, tout juste l'obscurcir. A cet effet naissent les motivations. Le monde entier en est plein, le monde visible n'est peut-être rien d'autre que la motivation d'un homme aspirant à un instant de paix, tentative pour falsifier le fait de la connaissance et ne la prendre que comme objectif.

87

Ein Glaube wie ein Fallbeil, so schwer, so leicht.

88

Der Tod ist vor uns, etwa wie im Schulzimmer an der Wand ein Bild der Alexanderschlacht. Es kommt darauf an, durch unsere Taten noch in diesem Leben das Bild zu verdunkeln oder gar auszulöschen.

89

Ein Mensch hat freien Willen, und zwar dreierlei: Erstens war er frei, als er dieses Leben wollte; jetzt kann er es allerdings nicht mehr rückgängig machen, denn er ist nicht mehr jener, der es damals wollte, es wäre denn insoweit, als er seinen damaligen Willen ausführt, indem er lebt.
Zweitens ist er frei, indem er die Gangart und den Weg dieses Lebens wählen kann.
Drittens ist er frei, indem er als derjenige, der einmal wieder sein wird, den Willen hat, sich unter jeder Bedingung durch das Leben gehen und auf diese Weise zu sich kommen zu lassen, und zwar auf einem zwar wählbaren, aber jedenfalls derartig labyrinthischen Weg, daß er kein Fleckchen dieses Lebens unberührt läßt.
Das ist das Dreierlei des freien Willens, es ist aber auch, da es gleichzeitig ist, ein Einerlei und ist im Grunde so sehr Einerlei, daß es keinen Platz hat für einen Willen, weder für einen freien noch unfreien.

90

** Zwei Möglichkeiten: sich unendlich klein machen*

87

Foi guillotine, si lourde, si légère.

88

La mort est en face de nous, un peu comme l'image représentant la bataille d'Alexandre accrochée au mur de la classe. Il ne tient qu'à nos actes en cette vie pour qu'elle s'estompe, voire disparaisse.

89

L'homme dispose d'une volonté libre, à trois titres :
D'abord il était libre lorsqu'il a voulu cette vie ; certes maintenant il ne peut plus l'annuler car il n'est plus celui qu'il était quand il l'a voulue, ou ne l'est que dans la mesure où son existence réalise sa volonté d'alors.
Ensuite il est libre car il peut choisir pour sa vie et sa voie et son allure.
Il est libre enfin car, au titre de ce qu'il sera un jour à nouveau, il a la volonté de se frayer à tout prix une voie à travers l'existence, de la faire ainsi sienne, en suivant un chemin qu'il peut certes choisir mais est si tortueux qu'il n'évite aucun pouce du territoire de la vie.
Voilà donc la trinité de la volonté libre, qui est aussi une unité car elle se présente en même temps. Au fond elle est tellement une unité qu'il ne reste pas de place pour une volonté, libre ou pas.

90

Il y a deux possibilités : se faire infiniment petit ou l'être.

oder es sein. Das zweite ist Vollendung, also Untätigkeit, das erste Beginn, also Tat.

91

** Zur Vermeidung eines Wortirrtums: Was tätig zerstört werden soll, muß vorher ganz fest gehalten worden sein; was zerbröckelt, zerbröckelt, kann aber nicht zerstört werden.*

92

Die erste Götzenanbetung war gewiß Angst vor den Dingen, aber damit zusammenhängend Angst vor der Notwendigkeit der Dinge und damit zusammenhängend Angst vor der Verantwortung für die Dinge. So ungeheuer erschien diese Verantwortung, daß man sie nicht einmal einem einzigen Außermenschlichen aufzuerlegen wagte, denn auch durch Vermittlung eines Wesens wäre die menschliche Verantwortung noch nicht genug erleichtert worden, der Verkehr mit nur einem Wesen wäre noch allzusehr von Verantwortung befleckt gewesen, deshalb gab man jedem Ding die Verantwortung für sich selbst, mehr noch, man gab diesen Dingen auch noch eine verhältnismäßige Verantwortung für den Menschen.

93

** Zum letztenmal Psychologie!*

94

Zwei Aufgaben des Lebensanfangs: Deinen Kreis immer mehr einschränken und immer wieder nach-

La seconde est un achèvement, elle est inaction, la première un commencement, elle est action.

91

Pour éviter une erreur sur les mots : ce qui doit être détruit dans l'action doit d'abord avoir été fermement établi, ce qui s'effrite s'effrite mais ne peut être détruit.

92

La première fois que l'on adora les idoles ce fut certainement par peur des choses mais, en même temps, par peur de la nécessité des choses et aussi par peur d'en être responsable. Cette responsabilité semblait si énorme qu'on n'osait même pas l'attribuer à un être unique extérieur à l'humanité car sa médiation n'aurait pas suffi à alléger la responsabilité des hommes. Comme le commerce avec un être unique eût été trop entaché de responsabilité on rendit chaque chose responsable d'elle-même et on alla jusqu'à lui attribuer une certaine responsabilité sur l'homme.

93

Pour la dernière fois, de la psychologie !

94

Au début de la vie tu as deux tâches : restreindre de plus en plus le cercle qui t'est assigné et vérifier sans

prüfen, ob du dich nicht irgendwo außerhalb deines Kreises versteckt hältst.

95

* *Das Böse ist manchmal in der Hand wie ein Werkzeug, erkannt oder unerkannt läßt es sich, wenn man den Willen hat, ohne Widerspruch zur Seite legen.*

96

Die Freuden dieses Lebens sind nicht die seinen, sondern unsere Angst vor dem Aufsteigen in ein höheres Leben; die Qualen dieses Lebens sind nicht die seinen, sondern unsere Selbstqual wegen jener Angst.

97

Nur hier ist Leiden Leiden. Nicht so, als ob die, welche hier leiden, anderswo wegen dieses Leidens erhölt werden sollen, sondern so, daß das, was in dieser Welt leiden heißt, in einer andern Welt, unverändert und nur befreit von seinem Gegensatz, Seligkeit ist.

98

* *Die Vorstellung von der unendlichen Weite und Fülle des Kosmos ist das Ergebnis der zum Äußersten getriebenen Mischung von mühevoller Schöpfung und freier Selbstbesinnung.*

99

Wieviel bedrückender als die unerbittlichste Überzeugung von unserem gegenwärtigen sündhaften Stand ist selbst die schwächste Überzeugung von der einstigen,

cesse que tu ne te caches pas quelque part en dehors.

95

Le mal est parfois comme un outil dans la main : que l'on sache ou non ce que c'est, on peut l'écarter sans problème, il suffit de le vouloir.

96

Les joies de cette vie ne lui appartiennent pas, elles sont notre peur de nous élever à une vie supérieure ; les tourments de cette vie ne lui appartiennent pas, elles sont notre propre tourment à cause de cette peur.

97

Il n'est qu'ici que la souffrance est souffrance, non que ceux qui souffrent ici seraient destinés ailleurs à une destinée supérieure mais plutôt parce que son sens en ce monde est le même que dans un autre monde, à ceci près que son contraire lui est ôté : la félicité.

98

L'idée d'une ampleur et d'une plénitude infinies du cosmos résulte d'un mélange, poussé à l'extrême, de laborieuse création et de liberté dans le retour sur soi-même.

99

Il y a beaucoup plus accablant que la conviction la plus implacable de notre présent état de péché : la plus infime conviction de l'ancienne légitimité éternelle de

ewigen Rechtfertigung unserer Zeitlichkeit. Nur die Kraft im Ertragen dieser zweiten Überzeugung, welche in ihrer Reinheit die erste voll umfaßt, ist das Maß des Glaubens.
** Manche nehmen an, daß neben dem großen Urbetrug noch in jedem Fall eigens für sie ein kleiner besonderer Betrug veranstaltet wird, daß also, wenn ein Liebesspiel auf der Bühne aufgeführt wird, die Schauspielerin außer dem verlogenen Lächeln für ihren Geliebten auch noch ein besonders hinterhältiges Lächeln für den ganz bestimmten Zuschauer auf der letzten Galerie hat. Das heißt zu weit gehen.*

100

Es kann ein Wissen vom Teuflischen geben, aber keinen Glauben daran, denn mehr Teuflisches, als da ist, gibt es nicht.

101

Die Sünde kommt immer offen und ist mit den Sinnen gleich zu fassen. Sie geht auf ihren Wurzeln und muß nicht ausgerissen werden.

102

Alle Leiden um uns müssen auch wir leiden. Wir alle haben nicht einen Leib, aber ein Wachstum, und das führt uns durch alle Schmerzen, ob in dieser oder jener Form. So wie das Kind durch alle Lebensstadien bis zum Greis und zum Tod sich entwickelt (und jenes Stadium im Grunde dem früheren, im Verlangen oder in Furcht, unerreichbar scheint) ebenso entwickeln wir uns (nicht weniger tief mit der Menschheit verbunden

notre vie ici-bas. La foi ne se mesure qu'à la capacité de supporter cette seconde conviction dont la limpidité englobe totalement la première.

Beaucoup estiment que la grande supercherie originelle est complétée, cas par cas, par de petites tromperies à eux spécialement destinées: par exemple, dans une scène d'amour, au théâtre, l'actrice ne se contenterait pas d'un petit sourire en catimini en direction de son amant mais en ajouterait sournoisement un autre pour tel spectateur précis au dernier balcon. C'est là aller trop loin.

100

Il peut y avoir une connaissance du diabolique, mais aucune croyance en lui, car on atteint là une limite.

101

Le péché se présente toujours ouvertement et les sens peuvent s'en emparer aussitôt. Il pénètre en eux jusqu'à la racine et il ne faut pas l'extirper.

102

Nous aussi devons souffrir des souffrances qui nous entourent. Nous tous avons non un corps mais une chose qui croît et nous fait passer par toutes les formes de la douleur. L'enfant traverse tous les stades de la vie jusqu'à la mort après avoir été vieillard, stade apparemment inaccessible aux âges antérieurs, à la fois désiré et craint. Notre développement suit le même chemin au travers de toutes les souffrances de ce monde, en liaison

als mit uns selbst) durch alle Leiden dieser Welt. Für Gerechtigkeit ist in diesem Zusammenhang kein Platz, aber auch nicht für Furcht vor den Leiden oder für die Auslegung des Leidens als eines Verdienstes.

103

Du kannst dich zurückhalten von den Leiden der Welt, das ist dir freigestellt und entspricht deiner Natur, aber vielleicht ist gerade dieses Zurückhalten das einzige Leid, das du vermeiden könntest.

104-105

Das Verführungsmittel dieser Welt sowie das Zeichen der Bürgschaft dafür, daß diese Welt nur ein Übergang ist, ist das gleiche. Mit Recht, denn nur so kann uns diese Welt verführen und es entspricht der Wahrheit. Das Schlimmste ist aber, daß wir nach geglückter Verführung die Bürgschaft vergessen und so eigentlich das Gute uns ins Böse, der Blick der Frau in ihr Bett gelockt hat.

106

Die Demut gibt jedem, auch dem einsam Verzweifelnden, das stärkste Verhältnis zum Mitmenschen, und zwar sofort, allerdings nur bei völliger und dauernder Demut. Sie kann das deshalb, weil sie die wahre Gebetsprache ist, gleichzeitig Anbetung und festeste Verbindung. Das Verhältnis zum Mitmenschen ist das Verhältnis des Gebetes, das Verhältnis zu sich das Verhältnis des Strebens ; aus dem Gebet wird die Kraft für das Streben geholt.

** Kannst du denn etwas anderes kennen als Betrug ?*

tout aussi profonde avec l'humanité qu'avec nous-mêmes. Dans ce contexte il n'est pas de place pour la justice, ni pour la peur de la souffrance, ni pour en tirer mérite.

103

Tu peux te soustraire aux souffrances du monde, libre à toi : cela convient à ta nature. Mais peut-être cette retraite est-elle la seule souffrance que tu pourrais éviter.

104-105

Les moyens de séduction de ce monde et les signes qui attestent qu'il n'est qu'un passage sont une et même chose. C'est bien normal car c'est sa seule possibilité de nous séduire et cela est conforme à la vérité, le pire étant qu'une fois séduits nous oublions ce que cela signifie : que c'est le bien qui nous a amenés au mal, le regard de la femme qui nous a attirés dans son lit.

106

L'humilité permet à tous, même aux solitaires et aux désespérés, de tisser très vite des liens très forts avec leurs contemporains, à condition qu'elle soit totale et durable. Elle a ce pouvoir car elle est la vraie langue de la prière, à la fois adoration et relation très forte. Les liens avec les contemporains sont ceux de la prière, les liens avec soi-même sont ceux d'une quête ; de la prière sourd la force qui nourrit cette quête.
Peux-tu connaître autre chose que la tromperie ? Si elle

Wird einmal der Betrug vernichtet, darfst du ja nicht hinsehen oder wirst zur Salzsäule.

107

Alle sind zu A. sehr freundlich, so etwa wie man ein ausgezeichnetes Billard selbst vor guten Spielern sorgfältig zu bewahren sucht, solange bis der große Spieler kommt, das Brett genau untersucht, keinen vorzeitigen Fehler duldet, dann aber, wenn er selbst zu spielen anfängt, sich auf die rücksichtsloseste Weise auswütet.

108

« Dann aber kehrte er zu seiner Arbeit zurück, so wie wenn nichts geschehen wäre. » Das ist eine Bemerkung, die uns aus einer unklaren Fülle alter Erzählungen geläufig ist, obwohl sie vielleicht in keiner vorkommt.

109

« Daß es uns an Glauben fehle, kann man nicht sagen. Allein die einfache Tatsache unseres Lebens ist in ihrem Glaubenswert gar nicht auszuschöpfen.» « Hier wäre ein Glaubenswert ? Man kann doch nicht nicht-leben.» « Eben in diesem "kann doch nicht " steckt die wahnsinnige Kraft des Glaubens ; in dieser Verneinung bekommt sie Gestalt.»

** Es ist nicht notwendig, daß du aus dem Hause gehst. Bleib bei deinem Tisch und horche. Horche nicht einmal, warte nur. Warte nicht einmal, sei völlig still und allein. Anbieten wird sich dir die Welt zur Entlarvung, sie kann nicht anders, verzückt wird sie sich vor dir winden.*

est anéantie un jour, il te sera interdit de regarder sous peine d'être transformé en statue de sel.

107

Tout le monde est très aimable envers A. comme lorsque l'on cherche à ménager un billard de grande valeur, quitte à en écarter même les bons joueurs, jusqu'au jour où arrive le grand joueur qui examine le tapis sous toutes les coutures, ne supporte pas d'y trouver un défaut, mais qui, dès qu'il commence à jouer, se déchaîne et oublie toute précaution.

108

"Puis il retourna à son ouvrage comme si de rien n'était" : c'est là une phrase que nous citons souvent, venue, semble-t-il, d'un fonds obscur de contes ancestraux et qui peut-être ne se trouve dans aucun.

109

"Nous ne manquons pas de foi, on ne peut pas dire cela : le simple fait que nous vivons équivaut à une foi aux dimensions incommensurables." "Cela équivaudrait à de la foi ? On ne peut quand même pas ne pas vivre." "C'est justement dans ce " on ne peut quand même pas " que réside la force fantastique de la foi, elle s'affirme dans cette négation."

Il n'est pas nécessaire que tu sortes de chez toi, reste à ta table et écoute. Non, n'écoute même pas, contente-toi d'attendre. N'attends même pas, reste tranquille et seul. Le monde s'offrira à toi pour que tu lui ôtes son masque ; il ne peut faire autrement et, en extase, il se roulera à tes pieds.

II

« *ER* » *

Er ist bei keinem Anlaß genügend vorbereitet, kann sich deshalb aber nicht einmal Vorwürfe machen, denn wo wäre in diesem Leben, das so quälend in jedem Augenblick Bereitsein verlangt, Zeit sich vorzubereiten, und selbst wenn Zeit wäre, könnte man sich denn vorbereiten, ehe man die Aufgabe kennt; das heißt, kann man überhaupt eine natürliche, eine nicht nur künstlich zusammengestellte Aufgabe bestehen? Deshalb ist er auch schon längst unter den Rädern, merkwürdiger- aber auch tröstlicherweise war er darauf am wenigsten vorbereitet.

Alles, was er tut, kommt ihm zwar außerordentlich neu vor, aber auch entsprechend dieser unmöglichen Fülle des Neuen außerordentlich dilettantisch, kaum einmal erträglich, unfähig historisch zu werden, die Kette der Geschlechter sprengend, die bisher immer wenigstens zu ahnende Musik der Welt zum erstenmal bis in alle

* Série des aphorismes de janvier-février 1920, localisés sous l'intitulé « Er » par Max Brod et Hans Joachim Schoeps dans les notes et journaux de Kafka. Le classement suivi ici combine la forme des manuscrits et le

II

SÉRIE DES APHORISMES EN « IL » *

Aucune occasion ne le trouve suffisamment préparé et donc il ne peut même pas se faire de reproches car, où trouver le temps de se préparer dans une vie qui vous tourmente au point d'exiger une disponibilité de tout instant ? Et même si l'on avait le temps, pourrait-on se préparer avant de connaître sa tâche ? Autrement dit, est-il possible de la remplir naturellement et non d'en faire une composition artificielle ? Aussi y-a-t-il bien longtemps qu'il a été saisi par l'engrenage et curieusement — mais c'est aussi réconfortant — c'est bien la chose à laquelle il était le moins préparé.

Tout ce qu'il fait lui semble extraordinairement nouveau mais, face à cette quantité incroyable de nouveautés, cela lui semble relever d'un extraordinaire dilettantisme, à peine supportable, sans aucune dimension historique possible ; la chaîne des générations en explose, pour la première fois la musique du monde, que l'on

système minimal de repère chronologique du texte. Notre leçon collationne les états publiés à Berlin et Prague, par Brod et Schoeps, de 1931 à 1937.

Tiefen hinunter abbrechend. Manchmal hat er in seinem Hochmut mehr Angst um die Welt als um sich.

Mit einem Gefängnis hätte er sich abgefunden. Als Gefangener enden — das wäre eines Lebens Ziel. Aber es war ein Gitterkäfig. Gleichgültig, herrisch, wie bei sich zu Hause strömte durch das Gitter aus und ein der Lärm der Welt, der Gefangene war eigentlich frei, er konnte an allem teilnehmen, nichts entging ihm draußen, selbst verlassen hätte er den Käfig können, die Gitterstangen standen ja meterweit auseinander, nicht einmal gefangen war er.

Er hat das Gefühl, daß er sich dadurch, daß er lebt, den Weg verstellt. Aus dieser Behinderung nimmt er dann wieder den Beweis dafür, daß er lebt.

Sein eigener Stirnknochen verlegt ihm den Weg, an seiner eigenen Stirn schlägt er sich die Stirn blutig.

Er fühlt sich auf dieser Erde gefangen, ihm ist eng, die Trauer, die Schwäche, die Krankheiten, die Wahnvorstellungen der Gefangenen brechen bei ihm aus, kein Trost kann ihn trösten, weil es eben nur Trost ist, zarter kopfschmerzender Trost gegenüber der groben Tatsache des Gefangenseins. Fragt man ihn aber, was er

pouvait au moins deviner, en est brisée jusqu'aux tréfonds. Parfois, dans son orgueil, il a plus peur pour le monde que pour lui.

Une prison eût suffi à son bonheur : finir prisonnier, l'objectif d'une vie. Mais la prison était une cage grillagée : le fracas du monde, indifférent et impérieux, y était comme chez lui et entrait et sortait à loisir. A dire vrai, le prisonnier était libre, il pouvait participer à tout, rien de ce qui se passait au dehors ne lui échappait et il aurait même pu quitter sa cage tant les barreaux en étaient écartés, il n'était même pas retenu.

Il a le sentiment qu'en vivant il obstrue son propre chemin. C'est dans cet obstacle même qu'il puise la preuve qu'il vit.

Son os frontal lui barre le chemin, il se frappe le front et le met en sang.

Sur cette terre il se sent prisonnier, à l'étroit ; les tristesses, les faiblesses, les maladies et les phantasmes des prisonniers éclatent en lui ; aucun réconfort n'a d'effet car ce n'est qu'un réconfort, aimable baume pour migraine en face de la rude réalité de la condition de prisonnier. Mais si on lui demande ce qu'il veut vraiment,

eigentlich haben will, kann er nicht antworten, denn er hat — das ist einer seiner stärksten Beweise — keine Vorstellung von Freiheit.

Manche leugnen den Jammer durch Hinweis auf die Sonne, er leugnet die Sonne durch Hinweis auf den Jammer.

Die selbstquälerische, schwerfällige, oft lange stockende, im Grunde doch unaufhörliche Wellenbewegung alles Lebens, des fremden und eigenen, quält ihn, weil sie unaufhörlichen Zwang des Denkens mit sich bringt. Manchmal scheint ihm, daß diese Qual den Ereignissen vorhergeht. Als er hört, daß seinem Freund ein Kind geboren werden soll, erkennt er, daß er dafür schon als früher Denker gelitten hat.

Er sieht zweierlei: das Erste ist die ruhige, mit Leben erfüllte, ohne ein gewisses Behagen unmögliche Betrachtung, Erwägung, Untersuchung, Ergießung. Deren Zahl und Möglichkeit ist endlos, selbst eine Mauerassel braucht eine verhältnismäßig große Ritze, um unterzukommen, für jene Arbeiten aber ist überhaupt kein Platz nötig, selbst dort, wo nicht die geringste Ritze ist, können sie, einander durchdringend, noch zu Tausenden und Abertausenden leben. Das ist das Erste. Das Zweite aber ist der Augenblick, in dem man vorgerufen Rechenschaft geben soll, keinen

il est incapable de répondre car il n'a aucune notion de la liberté, et c'est là une de ses plus fortes justifications.

Beaucoup nient la détresse en montrant le soleil, il nie le soleil en montrant la détresse.

Toute vie, la sienne comme celle des autres, est une sorte d'ondulation pénible qui le torture, souvent s'arrête pendant un long temps mais, au fond, ne cesse de bouger, ce qui le tourmente car elle s'accompagne d'une obligation continuelle de penser. Il lui semble parfois que ces tourments précèdent les événements et lorsqu'il entend dire que son ami va être père il sait qu'il en a déjà souffert par la pensée.

Il voit deux choses. La première, tranquille, pleine de vie, impossible sans un certain malaise, une contemplation faite d'études, de recherches et d'épanchements, une infinité de possibles et, si au cloporte des murailles il faut une fissure relativement grande pour s'insinuer, point n'est besoin de place pour ces activités ; même là où l'on ne peut déceler la moindre fissure, elles peuvent vivre par milliers, totalement imbriquées les unes dans les autres. Voilà pour la première chose qu'il voit. Mais la seconde est l'instant où l'on est convoqué pour rendre compte, quand on ne parvient pas à proférer un

Laut hervorbringt, zurückgeworfen wird in die Betrachtungen usw., jetzt aber mit der Aussichtslosigkeit vor sich unmöglich mehr darin plätschern kann, sich schwer macht und mit einem Fluch versinkt.

Es handelt sich um folgendes : Ich saß einmal vor vielen Jahren, gewiß traurig genug, auf der Lehne des Laurenziberges. Ich prüfte die Wünsche, die ich für das Leben hatte. Als wichtigster oder als reizvollster ergab sich der Wunsch, eine Ansicht des Lebens zu gewinnen (und — das war allerdings notwendig verbunden — schriftlich die anderen von ihr überzeugen zu können), in der das Leben zwar sein natürliches schweres Fallen und Steigen bewahre, aber gleichzeitig mit nicht minderer Deutlichkeit als ein Nichts, als ein Traum, als ein Schweben erkannt werde. Vielleicht ein schöner Wunsch, wenn ich ihn richtig gewünscht hätte. Etwa als Wunsch, einen Tisch mit peinlich ordentlicher Handwerksmäßigkeit zusammenzuhämmern und dabei gleichzeitig nichts zu tun, und zwar nicht so, daß man sagen könnte : « Ihm ist das Hämmern ein Nichts », sondern « Ihm ist das Hämmern ein wirkliches Hämmern und gleichzeitig auch ein Nichts », wodurch ja das Hämmern noch kühner, noch entschlossener, noch wirklicher und, wenn du willst, noch irrsinniger geworden wäre.

Aber er konnte gar nicht so wünschen, denn sein Wunsch war kein Wunsch, er war nur eine Verteidigung, eine Verbürgerlichung des Nichts, ein Hauch von Munterkeit, den er dem Nichts geben wollte, in das er

son et que l'on est rejeté vers la contemplation etc.; alors, face à l'impasse, il n'est plus possible de s'agiter, on s'alourdit et l'on coule dans une ultime imprécation.

Il s'agit de la chose suivante: j'étais assis il y a quelques années, sans doute d'humeur assez sombre, sur les pentes du mont Saint-Laurent et je passais en revue les souhaits que je formulais pour ma vie et le plus important ou le plus attirant s'avéra être celui de me forger une vision de la vie et — cela va nécessairement de pair — d'être capable de convaincre les autres par mes écrits de sa validité. Que la vie certes conserve la lourdeur naturelle de ses hauts et de ses bas mais que l'on y décèle tout aussi nettement un rien, un rêve, l'effleurement d'une aile. Un bien beau souhait, si je l'avais vraiment fait. Un autre souhait? Frapper à coups de marteau sur une table avec la rigueur et la minutie de l'artisan et en même temps ne rien faire, sans que l'on puisse dire: "Donner des coups de marteau ne représente rien pour lui" mais que l'on dise plutôt: "Donner des coups de marteau a un sens réel pour lui, mais en même temps cela ne représente rien", ce qui eût conféré à cette activité encore plus de hardiesse, de résolution, de réalité et, si tu veux, de folie.
Mais il ne pouvait formuler un tel souhait, car son souhait n'en était pas vraiment un, ce n'était qu'une défense, une manière de se garantir du néant, un soupçon de gaieté dont il ne voulait pas faire cadeau à ce néant où il osait alors à peine hasarder ses premiers pas, tout

zwar damals kaum die ersten bewußten Schritte tat, das er aber schon als sein Element fühlte. Es war damals eine Art Abschied, den er von der Scheinwelt der Jugend nahm, sie hatte ihn übrigens niemals unmittelbar getäuscht, sondern nur durch die Reden aller Autoritäten ringsherum täuschen lassen. So hatte sich die Notwendigkeit des "Wunsches" ergeben.

Er beweist nur sich selbst, sein einziger Beweis ist er selbst, alle Gegner besiegen ihn sofort, aber nicht dadurch, daß sie ihn widerlegen (er ist unwiderlegbar), sondern dadurch, daß sie sich beweisen.

Menschliche Vereinigungen beruhen darauf, daß einer durch sein starkes Dasein andere an sich unwiderlegbare Einzelne widerlegt zu haben scheint. Das ist für diese Einzelnen süß und trostreich, aber es fehlt an Wahrheit und daher immer an Dauer.

Er war früher Teil einer monumentalen Gruppe. Um irgendeine erhöhte Mitte standen in durchdachter Anordnung Sinnbilder des Soldatenstandes, der Künste, der Wissenschaften, der Handwerke. Einer von diesen Vielen war er. Nun ist die Gruppe längst aufgelöst oder wenigstens er hat sie verlassen und bringt sich allein durchs Leben. Nicht einmal seinen alten Beruf hat er mehr, ja er hat sogar vergessen, was er damals darstellte. Wohl gerade durch dieses Vergessen ergibt

en sentant déjà que c'était là son élément. C'était alors une sorte d'adieu au monde des apparences de sa jeunesse qui, d'ailleurs, ne l'avait jamais directement trompé mais s'était contenté d'en confier le soin aux discours des autorités qui l'entouraient. De là émanait la nécessité du « souhait ».

Il ne témoigne que de lui-même et n'est preuve que de soi : tous ses adversaires le vainquent aussitôt, non en le réfutant — il est irréfutable — mais seulement en témoignant d'eux-mêmes.

Les hommes s'associent entre eux quand la force d'existence de l'un d'eux semble avoir réfuté d'autres individus en soi irréfutables. Pour eux c'est agréable, réconfortant, mais c'est trompeur et donc jamais ne durera.

Jadis il fit partie d'un groupe monumental. Autour d'un point central quelconque dressé en hauteur se tenaient en un ordre bien pensé les figures emblématiques des arts, des sciences, des artisans et de la soldatesque. Il était l'un d'eux. Il y a bien longtemps que le groupe est dissous ou qu'il l'a quitté et il fait son chemin seul dans la vie. Il n'a plus son ancien métier, il a même oublié ce qu'il représentait alors. Cet oubli entraîne une certaine tristesse, de l'incertitude, de l'inquiétude, une certaine

sich eine gewisse Traurigkeit, Unsicherheit, Unruhe, ein gewisses die Gegenwart trübendes Verlangen nach den vergangenen Zeiten. Und doch ist dieses Verlangen ein wichtiges Element der Lebenskraft oder vielleicht sie selbst.

Er lebt nicht wegen seines persönlichen Lebens, er denkt nicht wegen seines persönlichen Denkens. Ihm ist, als lebe und denke er unter der Nötigung einer Familie, die zwar selbst überreich an Lebens- und Denkkraft ist, für die er aber noch irgendeinem ihm unbekannten Gesetz eine formelle Notwendigkeit bedeutet. Wegen dieser unbekannten Familie und dieser unbekannten Gesetze kann er nicht entlassen werden.

Die Erbsünde, das alte Unrecht, das der Mensch begangen hat, besteht in dem Vorwurf, den der Mensch macht und von dem er nicht abläßt, daß ihm ein Unrecht geschehen ist, daß an ihm die Erbsünde begangen wurde.

Vor der Auslage von Casinelli drückten sich zwei Kinder herum, ein etwa sechs Jahre alter Junge, ein sieben Jahre altes Mädchen, reich angezogen, sprachen von Gott und von Sünden. Ich blieb hinter ihnen stehen. Das Mädchen, vielleicht katholisch, hielt nur das Belügen Gottes für eine eigentliche Sünde. Kindlich hartnäkkig fragte der Junge, vielleicht ein Protestant,

nostalgie du temps passé qui trouble le présent. Pourtant cette nostalgie est part importante de la force vitale, peut-être l'est-elle tout entière.

Il ne vit pas de sa propre vie, il ne pense pas de sa propre pensée. On dirait qu'il vit et pense sous les instances d'une famille qui regorge de forces vitales et de capacités intellectuelles mais pour qui il représente une nécessité formelle suivant une loi de lui inconnue.
Et cette famille inconnue, et cette loi inconnue empêchent qu'on le laisse partir.

Le péché originel, ancien tort à l'actif de l'homme, subsiste dans le reproche dont il ne démord pas : que tort lui a été fait, qu'il fut victime du péché originel.

Devant l'étal de Caselli deux enfants se pressaient, un garçon d'environ six ans, une fille de sept, tous deux richement habillés et qui parlaient de Dieu et du péché. Je me tenais derrière eux. La fille, probablement catholique, tenait pour seul péché le mensonge envers Dieu. Avec l'opiniâtreté des enfants le garçon, probablement protestant, posait des questions sur la signification du

was das Belügen der Menschen oder das Stehlen sei. « Auch eine sehr große Sünde », sagte das Mädchen, « aber nicht die größte, nur die Sünden an Gott sind die größten, für die Sünden an Menschen haben wir die Beichte. Wenn ich beichte, steht gleich wieder der Engel hinter mir, wenn ich nämlich eine Sünde begehe, kommt der Teufel hinter mich, nur sieht man ihn nicht. » Und des halben Ernstes müde, drehte sie sich zum Spaß auf den Hacken um und sagte : « Siehst du, niemand ist hinter mir. » Ebenso drehte sich der Junge um und sah dort mich. « Siehst du », sagte er ohne Rücksicht darauf, daß ich es hören müßte, oder auch ohne daran zu denken, « hinter mir steht der Teufel. » « Den sehe ich auch », sagte das Mädchen, « aber den meine ich nicht. »

Er will keinen Trost, aber nicht deshalb, weil er ihn nicht will, — wer wollte ihn nicht, sondern, weil Trost suchen heißt : dieser Arbeit sein Leben widmen, am Rande seiner Existenz, fast außerhalb ihrer immer zu leben, kaum mehr zu wissen, für wen man Trost sucht, und daher nicht einmal imstande zu sein, wirksamen Trost zu finden, wirksamen, nicht etwa wahren, den es nicht gibt.

Er wehrt sich gegen die Fixierung durch den Mitmenschen. Der Mensch sieht, selbst wenn er unfehlbar wäre, im anderen nur jenen Teil, für den seine Blickkraft und Blickart reicht. Er hat, wie jeder, aber in

mensonge envers les hommes et du vol. “C’est aussi un très grand péché”, répliquait la fille, “mais pas le plus grand, seuls les péchés envers Dieu sont les plus grands ; pour les péchés envers les hommes, nous avons la confession. Quand je me confesse l’ange arrive tout de suite derrière moi mais quand je fais un péché c’est tout de suite le diable qui se précipite derrière moi, seulement on ne le voit pas.” Fatiguée de cette discussion assez sérieuse, elle pivota plaisamment sur ses talons et poursuivit : “ Tu vois, il n’y a personne derrière moi.” Le garçon l’imita et me vit. “Tu vois ”, reprit-il sans égard pour le fait que je l’entendais forcément, ou sans y penser, “derrière moi, il y a le diable.” Et la fille : “ Je le vois aussi, mais ce n’est pas à lui que je pense.”

Il refuse le réconfort, non parce qu’il n’en veut point — qui n’en voudrait pas ? — mais parce que rechercher le réconfort signifie y consacrer sa vie, vivre à la marge de son existence, pour ainsi dire en dehors ; c’est ne presque plus savoir pour qui l’on est en quête de réconfort et donc ne même plus être capable d’en trouver un efficace, efficace et pas authentique, car de tel point n’existe.

Il se rebiffe quand ses contemporains veulent le fixer. A supposer même qu’il puisse être infaillible l’homme ne peut voir chez autrui que ce que la puissance et la nature de son regard peuvent saisir. Comme tout le

äußerster Übertreibung, die Sucht, sich so einzuschränken, wie ihn der Blick des Mitmenschen zu sehen die Kraft hat. Hätte Robinson den höchsten oder richtiger den sichtbarsten Punkt der Insel niemals verlassen, aus Trost oder Demut oder Furcht oder Unkenntnis oder Sehnsucht, so wäre er bald zugrunde gegangen ; da er aber ohne Rücksicht auf die Schiffe und ihre schwachen Fernrohre seine ganze Insel zu erforschen und ihrer sich zu freuen begann, erhielt er sich am Leben und wurde in einer allerdings dem Verstand notwendigen Konsequenz schließlich doch gefunden.

« Du machst aus deiner Not eine Tugend. »
« Erstens tut das jeder, und zweitens tue gerade ich es nicht. Ich lasse meine Not Not bleiben, ich lege die Sümpfe nicht trocken, sondern lebe in ihrem fiebrigen Dunst. »
« Daraus eben machst du deine Tugend. »
« Wie jeder, ich sagte es schon. Im übrigen tue ich es nur deinetwegen. Damit du freundlich zu mir bleibst, nehme ich Schaden an meiner Seele. »

Alles ist ihm erlaubt, nur das Sichvergessen nicht, womit allerdings wieder alles verboten ist, bis auf das eine, für das Ganze augenblicklich Notwendige.

Die Enge des Bewußtseins ist eine soziale Forderung.

monde, mais chez lui cela va à l'extrême, il a la manie de se restreindre et de se conformer à ce que ses contemporains sont capables de percevoir de lui. Si Robinson n'avait jamais quitté le point le plus élevé de son île, ou plus exactement son point le plus visible, quelles qu'en soient les raisons, besoin de réconfort, humilité, crainte, ignorance ou nostalgie, il eût vite péri ; mais comme il ne s'est pas occupé des bateaux et de leurs longues-vues déficientes, qu'il s'est mis à explorer toute son île et à en profiter, il s'est maintenu en vie et par conséquent, très logiquement, il a finalement été trouvé.

"Tu fais de nécessité vertu."
"Premièrement tout le monde le fait, et deuxièmement, justement, moi je ne le fais pas. Ma nécessité, je la laisse nécessité. Je ne fais pas assécher les marais, je vis dans leurs fièvres et leurs moiteurs."
"C'est bien de cela que tu fais vertu."
"Comme tout le monde, je l'ai déjà dit. En outre je ne le fais que pour toi. Pour que tu restes aimable avec moi je fais supporter le mal à mon âme."

Tout lui est permis, sauf de s'oublier, ce qui réintroduit l'interdit absolu, sauf pour ce qui, dans l'instant, est nécessaire au tout.

L'étroitesse de la conscience est due à une exigence sociale.

Alle Tugenden sind individuell, alle Laster sozial. Was als soziale Tugend gilt, etwa Liebe, Uneigennützigkeit, Gerechtigkeit, Opfermut, sind nur "erstaunlich" abgeschwächte soziale Laster.

Der Unterschied zwischen dem "Ja" und "Nein", das er seinen Zeitgenossen sagt, und jenem, das er eigentlich zu sagen hätte, dürfte dem vom Tod und Leben entsprechen, ist auch nur ebenso ahnungsweise für ihn faßbar.

Die Ursache dessen, daß das Urteil der Nachwelt über den Einzelnen richtiger ist als das der Zeitgenossen, liegt im Toten. Man entfaltet sich in seiner Art erst nach dem Tode, erst wenn man allein ist. Das Totsein ist für den Einzelnen wie der Samstagabend für den Kaminfeger, sie waschen den Ruß vom Leibe. Es wird sichtbar, ob die Zeitgenossen ihm oder er den Zeitgenossen mehr geschadet hat, im letzteren Fall war er ein großer Mann.

Die Kraft zum Verneinen, dieser natürlichsten Äußerung des immerfort sich verändernden, erneuernden, absterbenden auflebenden menschlichen Kämpferorganismus, haben wir immer, den Mut aber nicht, während doch Leben Verneinen ist, also Verneinung Bejahung.

Toutes les vertus sont individuelles, tous les vices sociaux. Ce qui passe pour vertu sociale, par exemple l'amour, le désintéressement, le sens de la justice ou l'abnégation ne sont que des vices sociaux "étonnamment" atténués.

Entre le " oui " et le " non " qu'il dit à ses contemporains et le " oui " ou le " non " qu'il devrait leur dire, la nuance est bien proche de celle qui sépare la mort de la vie : il ne peut la saisir qu'intuitivement.

Si le jugement de la postérité sur un individu est plus juste que celui de ses contemporains, la raison en est dans la personne du mort. On ne déploie ce que l'on est profondément qu'après la mort, une fois seul. Être mort pour l'individu c'est le samedi soir du ramoneur : il secoue la suie qui lui recouvre le corps. On voit alors si ses contemporains lui ont plus nui qu'il ne leur a nui. Dans le second cas, c'était un grand homme.

Nous avons toujours la capacité de dire non. C'est, chez l'homme, l'expression la plus naturelle d'un tempérament de lutteur qui se transforme, se renouvelle, s'éteint et renaît sans cesse. La capacité de dire non mais pas le courage. Pourtant vivre c'est dire non, dire non est une affirmation.

Mit seinen absterbenden Gedanken stirbt er nicht. Das Absterben ist nur eine Erscheinung innerhalb der inneren Welt (die bestehen bleibt, selbst wenn auch sie nur ein Gedanke wäre), eine Naturerscheinung wie jede andere, weder fröhlich noch traurig.

Die Strömung, gegen die er schwimmt, ist so rasend, daß man in einer gewissen Zerstreutheit manchmal verzweifelt ist über die öde Ruhe, inmitten welcher man plätschert, so unendlich weit ist man nämlich in einem Augenblick des Versagens zurückgetrieben worden.

Er hat Durst und ist von der Quelle nur durch ein Gebüsch getrennt. Er ist aber zweigeteilt, ein Teil übersieht das Ganze, sieht, daß er hier steht und die Quelle daneben ist, ein zweiter Teil aber merkt nichts, hat höchstens eine Ahnung dessen, daß der erste Teil alles sieht. Da er aber nichts merkt, kann er nicht trinken.

Er ist weder kühn noch leichtsinnig. Aber auch ängstlich ist er nicht. Ein freies Leben würde ihn nicht ängstigen. Nun hat sich ein solches Leben für ihn nicht ergeben, aber auch das macht ihm keine Sorgen, wie er sich überhaupt um sich selbst keine Sorgen macht. Es gibt aber einen ihm gänzlich unbekannten Jemand, der sich um ihn — nur um ihn — große fortwährende Sorgen macht. Diese ihn betreffenden Sorgen des Jemand, besonders das Fortwährende dieser Sorgen,

Ses pensées déclinent mais il ne meurt pas. Ce dépérissement n'est qu'un phénomène particulier à l'univers intérieur, qui demeure quand bien même il n'aurait été qu'une idée, c'est un phénomène naturel comme n'importe quel autre, ni gai, ni triste.

Le courant contre lequel il nage est si impétueux qu'un peu par inadvertance il nous arrive de désespérer du désert tranquille où l'on barbote, et où un instant de défaillance nous a repoussé loin, infiniment loin.

Il a soif et seul un buisson le sépare de la source. Mais il est double, une partie de lui-même domine tout et voit qu'il se trouve là et la source tout près ; mais une autre partie de lui-même ne remarque rien, a tout au plus une vague idée de ce que voit l'autre partie. Comme il ne remarque rien, il ne peut pas boire.

Il n'est ni audacieux ni insouciant, ni pour autant inquiet. Une vie libre ne l'effrayerait pas. Certes une telle vie ne lui fut pas donnée mais cela ne le soucie guère, pas plus que ne le soucie ce qui l'entoure. Mais en lui il est un Quelqu'un totalement inconnu qui ne cesse de s'inquiéter énormément pour lui, uniquement pour lui. Que ce Quelqu'un se soucie de lui, et surtout que cela dure, lui donne parfois, aux heures tranquilles, des maux de tête lancinants.

verursachen ihm manchmal in stiller Stunde quälende Kopfschmerzen.

Am Sicherheben hindert ihn eine gewisse Schwere, ein Gefühl des Gesichertseins für jeden Fall, die Ahnung eines Lagers, das ihm bereitet ist und nur ihm gehört; am Stilleliegen aber hindert ihn eine Unruhe, die ihn vom Lager jagt, es hindert ihn das Gewissen, das endlos schlagende Herz, die Angst vor dem Tod und das Verlangen ihn zu widerlegen, alles das läßt ihn nicht ruhen und er erhebt sich wieder. Dieses Auf und Ab und einige auf diesen Wegen gemachte zufällige, flüchtige, abseitige Beobachtungen sind sein Leben.

Er hat zwei Gegner: Der erste bedrängt ihn von hinten, vom Ursprung her. Der zweite verwehrt ihm den Weg nach vorn. Er kämpft mit beiden. Eigentlich unterstützt ihn der erste im Kampf mit dem Zweiten, denn er will ihn nach vorn drängen und ebenso unterstützt ihn der zweite im Kampf mit dem Ersten; denn er treibt ihn doch zurück. So ist es aber nur theoretisch. Denn es sind ja nicht nur die zwei Gegner da, sondern auch noch er selbst, und wer kennt eigentlich seine Absichten? Immerhin ist es sein Traum, daß er einmal in einem unbewachten Augenblick — dazu gehört allerdings eine Nacht, so finster wie noch keine war — aus der Kampflinie ausspringt und wegen seiner Kampfeserfahrung zum Richter über seine miteinander kämpfenden Gegner erhoben wird.

Quant à se lever, une certaine lourdeur l'en empêche, le sentiment d'être en sécurité, paré pour toute circonstance, l'intuition qu'un lit est préparé pour lui dont il est seul détenteur. Quant à rester allongé, une inquiétude l'en empêche qui le chasse du lit. Mais aussi la conscience, les battements infinis du cœur, l'angoisse de la mort et le désir de la réfuter : rien ne le laisse reposer et il se lève encore une fois. Ces hauts et ces bas, à quoi s'ajoutent quelques observations fugitives ou aberrantes glanées au hasard du chemin, c'est sa vie.

Il a deux adversaires. Le premier le presse sur ses arrières depuis le début. Le second arrête sa progression. Il lutte contre eux deux. Plus exactement le premier le soutient dans sa lutte contre le second car il veut le pousser vers l'avant. Symétriquement le second soutient sa lutte contre le premier car il veut le repousser en arrière. Mais tout cela n'est que théorie. En effet il n'y a pas que les deux adversaires, lui aussi tient sa place, et qui connaît vraiment ses intentions ? En tout cas il rêve qu'il profitera d'un instant où la surveillance se relâchera, par une nuit d'encre comme on n'en a pas encore connue, et qu'il bondira au-dessus de la ligne de front et, profitant de son expérience du combat, il se fera reconnaître comme arbitre du combat entre ses deux adversaires.

Er hat den archimedischen Punkt gefunden, hat ihn aber gegen sich ausgenützt, offenbar hat er ihn nur unter dieser Bedingung finden dürfen.

14 Januar 1920. Sich kennt er, den andern glaubt er, dieser Widerspruch zersägt ihm alles.

Er lebt in der Diaspora. Seine Elemente, eine frei lebende Horde, umschweifen die Welt. Und nur, weil auch sein Zimmer zur Welt gehört, sieht er sie manchmal in der Ferne. Wie soll er für sie die Verantwortung tragen? Heißt das noch Verantwortung?

Er hat eine eigentümliche Wohnungstür, fällt sie ins Schloß, kann man sie nicht mehr öffnen, sondern muß sie ausheben lassen. Infolgedessen schließt er sie niemals, schiebt vielmehr in die immer halboffene Tür einen Holzbock, damit sie sich nicht schließe. Dadurch ist ihm natürlich alle Wohnungsbehaglichkeit genommen. Seine Nachbarn sind zwar vertrauenswürdig, trotzdem muß er die Wertsachen in einer Handtasche den ganzen Tag mit sich herumtragen und wenn er auf dem Kanapee in seinem Zimmer liegt, ist es eigentlich, als liege er auf dem Korridor, im Sommer weht ihm die dumpfe, im Winter die eiskalte Luft von dort herein.

Il a trouvé le point d'Archimède mais l'a utilisé contre lui-même. Manifestement c'était la condition pour qu'il ait le droit de le trouver.

14 janvier 1920. Il se connaît, il croit les autres. Cette contradiction le traverse comme un trait de scie.

Il vit dans la diaspora dont les éléments, horde en liberté, errent autour du monde. Pour la seule raison que sa chambre appartient au monde, il les voit parfois, au loin. Comment se sentir responsable d'eux? Est-il encore là question de responsabilité?

La porte de son logement est particulière : dès qu'elle s'encliquète on ne peut plus l'ouvrir, il faut la sortir de ses gonds. Aussi ne la ferme-t-il jamais et même cale un coin dans la porte toujours entr'ouverte pour qu'elle ne se referme pas. Naturellement cela le prive de tout l'agrément de son logement. Certes ses voisins sont dignes de confiance mais, quand même, il est obligé de garder avec lui toute la journée ses objets de valeur dans un sac. Allongé sur le canapé dans sa chambre, il a l'impression d'être couché dans le couloir d'où, l'été, l'air étouffant et l'hiver, l'air glacial pénètrent chez lui.

Alles, selbst das Gewöhnlichste, etwa das Bedientwerden in einem Restaurant, muß er sich erst mit Hilfe der Polizei erzwingen. Das nimmt dem Leben alle Behaglichkeit.

Er hat viele Richter, sie sind wie ein Heer von Vögeln, das in einem Baum sitzt. Ihre Stimmen gehen durcheinander, die Rang- und Zuständigkeitsfragen sind nicht zu entwirren, auch werden die Plätze fortwährend gewechselt. Einzelne erkennt man aber doch wieder heraus, zum Beispiel einen, welcher der Meinung ist, man müsse nur einmal zum Guten übergehn und sei schon gerettet ohne Rücksicht auf die Vergangenheit und sogar ohne Rücksicht auf die Zukunft. Eine Mein-ung, die offenbar zum Bösen verlocken muß, wenn nicht die Auslegung dieses Übergangs zum Guten sehr streng ist. Und das ist sie allerdings, dieser Richter hat noch nicht einen einzigen Fall als ihm zugehörig anerkannt. Wohl aber hat er eine Menge Kandidaten um sich herum, ein ewig plapperndes Volk, das ihm nachäfft. Die hören ihn immer...

2 Februar 1920. Er erinnert sich an ein Bild, das einen Sommersonntag auf der Themse darstellte. Der Fluß war in seiner ganzen Breite weithin angefüllt mit Booten, die auf das Öffnen einer Schleuse warteten. In allen Booten waren fröhliche junge Menschen in leichter heller Kleidung, sie lagen fast, frei hingegeben der warmen Luft und der Wasserkühle. Infolge alles dieses

Il n'obtient la moindre des choses, y compris la plus banale, comme se faire servir au restaurant, que par la contrainte et avec l'aide de la police. Cela ôte tout agrément à la vie.

Il a une masse de juges, sorte d'essaim de moineaux juchés sur un arbre. Leurs voix se mêlent inextricablement et il est impossible de démêler l'écheveau des hiérarchies et des compétences, ils changent de place sans cesse. On peut cependant en distinguer certains, par exemple celui qui pense qu'il suffit d'une fois pour passer dans le camp du bien : cela assurerait le salut, indépendamment du passé et même de l'avenir. Opinion qui ne peut que conforter l'attirance du mal si l'on n'interprète pas avec une extrême rigueur cette notion du passage vers le bien. C'est d'ailleurs ce qui se passe : ce juge n'a pas encore connu un seul cas qu'il puisse admettre dans ce cadre. Il a pourtant sans cesse autour de lui une masse de candidats, troupeau jacassant qui le singe. Et toujours ils l'écoutent...

2 février 1920. Il se souvient d'un tableau qui représentait un dimanche d'été sur la Tamise. Sur toute sa largeur la rivière était couverte de bateaux attendant l'ouverture d'une écluse. Sur tous les bateaux des jeunes gens joyeux, aux vêtements légers et clairs, presque allongés, s'abandonnant à la chaleur de l'air et à la fraîcheur de l'eau. Tous ces traits communs gommaient les sépara-

Gemeinsamen war ihre Geselligkeit nicht auf die einzelnen Boote eingeschränkt, von Boot zu Boot teilte sich Scherz und Lachen mit.
Er stellte sich nun vor, daß auf einer Wiese am Ufer — die Ufer waren auf dem Bild kaum angedeutet, alles war beherrscht von der Versammlung der Boote — er selbst stand. Er betrachtete das Fest, das ja kein Fest war, aber das man doch so nennen konnte. Er hatte natürlich große Lust, sich daran zu beteiligen, er langte förmlich danach, aber er mußte sich offen sagen, daß er davon ausgeschlossen war, es war für ihn unmöglich, sich dort einzufügen, das hätte eine so große Vorbereitung verlangt, daß darüber nicht nur dieser Sonntag, sondern viele Jahre und er selbst dahingegangen wäre, und selbst wenn die Zeit hier hätte stillstehn wollen, es hätte sich doch kein anderes Ergebnis mehr erzielen lassen, seine ganze Abstammung, Erziehung, körperliche Ausbildung hätte anders geführt werden müssen.

So weit war er also von diesen Ausflüglern, aber damit doch auch wieder sehr nahe und das war das schwerer Begreifliche. Sie waren doch auch Menschen wie er, nichts Menschliches konnte ihnen völlig fremd sein, würde man sie also durchforschen, müßte man finden, daß das Gefühl, das ihn beherrschte und ihn von der Wasserfahrt ausschloß, auch in ihnen lebte, nur daß er allerdings weit davon entfernt war, sie zu beherrschen, sondern nur irgendwo in dunklen Winkeln geisterte.

tions entre les bateaux et les rassemblaient dans la même atmosphère de chaleur communicative et les plaisanteries et les rires passaient de l'un à l'autre. Il s'imaginait dressé dans une prairie sur une rive à peine indiquée sur le tableau dominé par le rassemblement des bateaux. Il contemplait la fête qui n'en était pas une mais que l'on pouvait appeler ainsi. Naturellement il avait grande envie d'y prendre part et cherchait presque à y entrer mais il devait s'avouer qu'il en était exclu, qu'il ne pouvait pas y trouver sa place : cela aurait exigé une trop grande préparation, cela eût coûté plus que tout ce dimanche, de nombreuses années, sa vie. Et même si, ce jour-là, le temps avait consenti à s'arrêter, le résultat atteint n'eût pas été autre : il aurait fallu que tout ce dont il venait fût différent, que sa formation, l'éducation de son corps eussent été menées autrement.

Aussi loin qu'il fût de ces touristes, il en était quand même proche, ce qui était assez difficile à comprendre. C'étaient des êtres humains comme lui, rien de ce qui était humain ne pouvait leur être complètement étranger ; si on les étudiait de près on trouverait forcément que le sentiment qui le dominait et l'excluait de cette promenade sur l'eau existait aussi chez eux mais était loin de les dominer et se contentait de rôder en eux dans quelque coin obscur.

Meine Gefängniszelle — meine Festung.

« Am Sich-Erheben hindert ihn eine gewisse Schwere, ein Gefühl des Gesichertseins für jeden Fall, die Ahnung eines Lagers, das ihm bereitet ist und nur ihm gehört ; am Stilliegen aber hindert ihn eine Unruhe, die ihn vom Lager jagt, es hindert ihn das Gewissen, das endlos schlagende Herz, die Angst vor dem Tod und das Verlangen ihn zu widerlegen, alles das läßt ihn nicht liegen und er erhebt sich wieder. Dieses Auf und Ab und einige auf diesen Wegen gemachte zufällige, flüchtige, abseitige Beobachtungen sind sein Leben. »
« Deine Darstellung ist trostlos, aber nur für die Analyse, deren Grundfehler sie zeigt. Er ist zwar so, daß der Mensch sich aufhebt, zurückfällt, wieder sich hebt und so fort, aber es ist auch gleichzeitig und mit noch viel größerer Wahrheit ganz und gar nicht so, er ist doch Eines, im Fliegen also auch das Ruhen, im Ruhen das Fliegen und beides vereinigt wieder in jedem Einzelnen, und die Vereinigung in jedem, und die Vereinigung der Vereinigung in jedem und so fort, bis, nun, bis zum wirklichen Leben, wobei auch diese Darstellung noch ebenso falsch ist und vielleicht noch täuschender als die deine. Aus dieser Gegend gibt es eben keinen Weg bis zum Leben, während es allerdings vom Leben einen Weg hierher gegeben haben muß. So verirrt sind wir. »

Ma cellule — ma forteresse.

“Quant à se lever, une certaine lourdeur l’en empêche, le sentiment d’être en sécurité, paré pour toute circonstance, l’intuition qu’un lit est préparé pour lui et dont il est le seul détenteur. Quant à rester allongé, une inquiétude l’en empêche qui le chasse du lit. Mais aussi la conscience, les battements infinis du cœur, l’angoisse de la mort et le désir de la réfuter : rien ne le laisse reposer et il se lève encore une fois. Ces hauts et ces bas, à quoi s’ajoutent quelques observations fugitives ou aberrantes glanées au hasard du chemin, c’est sa vie.”
“Ta description est désespérante mais cela n’est valable que pour l’analyse dont elle met en évidence les erreurs fondamentales. C’est vrai que l’homme se dresse, retombe, se dresse à nouveau et ainsi de suite mais, en même temps, et avec beaucoup plus de vérité encore, ce n’est absolument pas cela car il est Un : le vol contient le repos et le repos le vol et tous deux se réunissent en chaque individu, l’union se fait en chacun et l’union s’y unit à l’union et ainsi de suite jusqu’à, eh bien, jusqu’à la vraie vie où cette description se révèle aussi fausse et peut-être plus trompeuse que la tienne. De ces contrées aucun chemin ne mène à la vie alors qu’il doit bien y avoir eu un chemin menant de la vie jusqu’ici, tant nous sommes égarés.”

TABLE

CET OUVRAGE
A ÉTÉ ACHEVÉ D'IMPRIMER
DANS LES ATELIERS
DE NORMANDIE ROTO IMPRESSION S.A.
LE 17 AOÛT 1994

N°d'éd. 01. N° d'impr. I4-1422
Dépôt légal : 3e trim. 1994
ISBN 2-910686-00-0
(*Imprimé en France*)